le livre de Noël

SATOMI ICHIKAWA

le livre de NOËL

Texte de
Robina Beckles Willson

Traduit de l'anglais par
Marcelle Vérité

gautier-languereau

Sommaire

Préface 5

Table des matières 6

L'Annonce faite à Marie 9

Le Noël des animaux 14

Sur les routes du monde entier 17

O Bethléem, petite ville (cantique) 18

En Grande-Bretagne et aux États-Unis 20

Calme nuit, sainte nuit (cantique) 28

En Allemagne 29

Aux Pays-Bas 32

Recette du letterbanket (cuisine) 35

En Pologne et en Tchécoslovaquie 38

Berceuse tchèque (cantique) 40

En Finlande 41

En Norvège 44

Recette des maisons de pain d'épice (cuisine) 45

En Suède 46

Les étoiles de paille (décoration) 48

Les paniers en forme de cœur (décoration) 49

En Russie 50

En France 51

Une étoile d'or veille 52

Je veux voir le Père Noël 53

Il est né, le Divin Enfant (cantique) 55

En Italie 56

En Grèce 58

Les Flambeaux (cantique) 59

Au Mexique 60

Les pinatas de papier mâché (décoration) 61

En Inde 64

Au Japon 65

En Australie 66

Il n'avait pas de berceau (cantique) 67

ISBN 2-217-44001-2

Publié pour la première fois en Grande-Bretagne en 1983
par William Heinemann Ltd (London, Melbourne, Toronto,
Johannesburg, Auckland) sous le titre *Merry Christmas*.

Préface

Noël ! le temps des fêtes les plus douces de l'année, où l'on se réunit en famille, entre amis. Un temps de joie.

N'oublions pas qu'avant tout Noël nous rappelle, chaque année, la naissance de l'Enfant divin à Bethléem, voici près de deux mille ans.

La plupart des pays ont leurs propres coutumes de Noël. Dans le monde entier, les enfants préparent ce grand événement. Nous vous invitons, dans ce livre, à y participer avec eux. Sans oublier vos propres coutumes, apprenez à connaître celles des autres. Et, surtout, réjouissez-vous de la venue au monde de l'Enfant Jésus, porteur d'espoir et d'amour.

Avant de commencer la description de ces célébrations, vous lirez le récit du premier Noël, tel que nous l'a transmis la tradition.

Vous découvrirez ensuite quelques histoires étonnantes sur les animaux de l'étable. Puis, à la fin de cet ouvrage, nous célébrerons tous ensemble la merveilleuse fête de Noël.

L'Annonce faite à Marie

Il y a bien longtemps, Marie vivait à Nazareth. Un ange nommé Gabriel lui apparut un jour et lui dit :

— Dieu m'a envoyé pour te parler, Marie.

— Pourquoi un ange rendrait-il visite à une pauvre femme comme moi ? demanda-t-elle.

— Ne crains rien, Marie, Dieu est content de toi. Il t'a choisie afin que tu sois bénie par la naissance d'un fils. Tu l'appelleras Jésus.

— Mais je n'ai pas encore épousé Joseph, mon futur époux ! s'écria la jeune fille.

— Cet enfant sera le Fils de Dieu, reprit Gabriel. Tout est possible à l'Eternel.

Alors Marie tomba à genoux en murmurant :

— Que soit faite la volonté du Seigneur ! J'attendrai avec joie la naissance de mon fils.

Marie raconta à Joseph la visite de l'ange, puis elle déclara :
— J'aimerais bien rester ici, chez nous, jusqu'à la naissance de l'enfant.
— Hélas ! nous ne pouvons désobéir à l'empereur de Rome, répliqua Joseph. Il a ordonné à chacun de retourner au lieu de sa naissance pour le recensement. Nous devons donc nous rendre à Bethléem, où je suis né.
— Sommes-nous loin de cette ville ?
— Pas vraiment. Nous prendrons notre temps pour voyager. Mon âne est résistant, tu n'auras pas besoin de te fatiguer à marcher.
— Comme il est étrange que je devienne la mère du Fils de Dieu !
— Et qu'un pauvre charpentier tel que moi soit choisi pour être son père, ajouta Joseph.
Quand ils arrivèrent enfin à Bethléem, Marie était très lasse.
— Je sens que mon fils ne va pas tarder à naître, affirma-t-elle. Il faut absolument que nous trouvions un toit pour nous abriter.

— Ne t'inquiète pas, dit Joseph, je vais chercher. Essayons cette auberge là-bas.

Joseph s'adressa à la femme de l'aubergiste :

— Auriez-vous, s'il vous plaît, une chambre pour ma femme et...

— Pas le moindre recoin, s'excusa-t-elle. Nous sommes au complet depuis plusieurs jours. Tentez donc votre chance au bas de la rue.

Mais l'auberge indiquée était pleine également, ainsi que toutes les maisons du voisinage.

Alors Joseph s'adressa à une petite fille qui se trouvait là :

— Habites-tu Bethléem ?

— Oui, mes parents tiennent une hôtellerie. Ils sont très occupés, à cause de ces visiteurs qui nous viennent de partout.

— N'auraient-ils pas une petite chambre pour nous ? Tu le vois, ma femme va mettre au monde un enfant, et elle a besoin de repos après notre voyage depuis Nazareth.

— Pauvre dame ! dit la petite. Même nos propres chambres sont occupées. Mais peut-être ma mère permettra-t-elle que vous vous installiez dans l'étable : l'âne et le bœuf y vivent, mais elle est propre et chaude.

— Merci, dit Joseph. C'est le Seigneur qui t'a envoyée pour nous venir en aide. Conduis-nous auprès de ta mère.

Celle-ci accepta de loger les voyageurs et, avec sa fille, fit de la place dans l'étable. Soulagés, Marie et Joseph allaient enfin pouvoir se reposer.

Quand le Fils de Dieu vint au monde, Marie se souvint des paroles de l'ange Gabriel et le nomma Jésus.

Des bergers gardaient leurs moutons dans les champs près de Bethléem, où était né Jésus. Toute la nuit, il leur fallait veiller afin que les bêtes sauvages n'attaquent pas leurs troupeaux.

Soudain l'ange Gabriel leur apparut, auréolé d'une si vive lumière que tous furent remplis de crainte.

— Ne vous alarmez pas, leur dit-il. Je suis venu vous annoncer, ainsi qu'au monde entier, une merveilleuse nouvelle : aujourd'hui un Sauveur vous est né !

» Vous trouverez l'Enfant enveloppé de langes, couché dans une crèche. Voyez, j'ai mis mon étoile dans le ciel ; elle vous conduira jusqu'à l'étable.

Puis Gabriel chanta avec le chœur des anges :

Gloire à Dieu au plus haut des cieux,
Paix sur la terre aux hommes de bonne volonté.

Quelques jours plus tard, trois rois venus d'Orient rendirent visite à l'Enfant. Eux aussi avaient été guidés par l'étoile. Ils apportaient à Jésus des présents : le premier offrit de l'or, le deuxième de l'encens et le troisième de la myrrhe.

En s'agenouillant devant le nouveau-né, ils prédirent à Joseph et Marie que leur fils serait roi.

— Il est né dans la cité de David, ajoutèrent-ils. Cependant Il ne ressemblera à aucun autre roi.

— Peut-être sera-t-Il roi des Cieux, dit Marie, songeant aux paroles de l'ange lorsqu'il lui était apparu.

Les bergers et les rois étaient dans la joie d'avoir trouvé l'Enfant divin.

Au début du IVe siècle, un pape décida de fêter chaque année, le 25 décembre, la naissance de Jésus. Depuis ce temps-là, nous célébrons dans la joie cette fête de Noël. Et, comme les Rois mages le firent pour l'Enfant divin, nous offrons des présents à ceux que nous aimons.

Le Noël des animaux

Il existe de nombreuses légendes à propos des animaux de l'étable où naquit Jésus.

Comme le nouveau-né n'avait pas de berceau, le bœuf s'abstint de manger la paille fraîche mise dans sa mangeoire. Ainsi Marie put l'utiliser pour coucher son enfant. Le bœuf contribua aussi à le réchauffer en soufflant sur lui son haleine tiède ; on dit depuis lors qu'il possède l'haleine la plus douce de tous les animaux.

Les moutons offrirent la laine de leur toison, avec laquelle Marie confectionna une couverture. Et les tourterelles roucoulèrent pour endormir Jésus.

Quand les bergers arrivèrent auprès de lui, le plus jeune n'avait à lui offrir qu'une pâquerette ; les lèvres de Jésus se posèrent sur la fleur, c'est pourquoi, dit-on, l'extrémité des pétales des pâquerettes est souvent rose.

Les bergers n'étaient pas les seuls à se réjouir de contempler l'Enfant divin dans sa crèche. Un rouge-gorge qui s'abritait sous le toit de l'étable unit son chant à celui des anges. Ce fut le premier chant d'oiseau qu'entendit Jésus. En remerciement, Il rendit la voix du rouge-gorge encore plus douce et mélodieuse pendant l'hiver, surtout au temps de Noël. Une minuscule créature suivait les bergers guidés par l'étoile. Elle était si petite que, lorsqu'elle atteignit enfin la crèche, seul Jésus l'aperçut. Il l'effleura de son doigt et le petit ver devint lumineux, luisant dans la nuit d'été pour guider les voyageurs.

On raconte aussi que dans l'étable, la veille de Noël, tous les animaux s'agenouillent. Nul ne doit les déranger. Alors, pendant quelques minutes, ils se mettent à parler.

On dit même que les abeilles murmurent le psaume: *Louons le Seigneur, que son nom soit béni.* Car elles aussi se souviennent de la naissance de l'Enfant Jésus.

Sur les routes du monde entier

La veille de Noël, partout dans le monde, les fidèles se rassemblent. Les cloches carillonnent, appelant les chrétiens à l'église afin d'y accueillir Jésus. Familles et amis vont assister à la messe de minuit ou à d'autres services religieux.

Que ce soit dans de belles cathédrales ou de modestes chapelles, tous prient avec ferveur l'Enfant qui naquit, voici bien longtemps, dans une pauvre étable.

Suivons maintenant, dans les différents pays, tous ceux qui préparent les fêtes de Noël et attendent avec impatience le 25 décembre.

Dans le ciel s'élève le chœur de leurs jeunes voix.

O Bethléem, petite ville

Les étoiles dans les cieux
Annoncent le jour radieux.
Louons l'Eternel, notre Père,
Et paix aux hommes sur la terre.
Tandis que nous dormons,
Les bons anges dans les cieux
En cohorte veillent autour
Du Christ, grand Dieu d'Amour.

Dans la paix et le silence
Fut fait ce don merveilleux,
Qui apporte au cœur de l'homme
La bénédiction des cieux.
Nul n'a surpris sa venue,
Mais dans ce monde imparfait
Où l'âme faible évolue,
Le Christ est né pour nous.

Enfant divin et tant aimé,
Entre dans nos cœurs, s'il te plaît;
Eloigne de nous le péché,
Nous t'en prions à genoux.
Tous les anges à Noël
Annoncent la grande nouvelle.
Viens demeurer auprès de nous,
Notre Seigneur Emmanuel.

En Grande-Bretagne et aux Etats-Unis

La Grande-Bretagne et les Etats-Unis partagent un certain nombre de coutumes de Noël. Les étrangers venus des quatre coins du monde s'établir aux Etats-Unis ont apporté leurs traditions, qui se sont jointes à celles des premiers colons britanniques.

Une coutume adoptée par ces deux pays est d'origine allemande : la décoration de l'arbre de Noël. Toute la famille y participe. C'est un grand plaisir de suspendre aux branches du sapin des ampoules multicolores ainsi que mille babioles et guirlandes dorées ou argentées du plus heureux effet, qui brilleront dès que l'arbre sera allumé.

Dans la plupart des familles, grands-parents, oncles, tantes, cousins et amis sont invités le 25 décembre à partager un déjeuner de fête.

En Grande-Bretagne, on sert la fameuse dinde rôtie aux marrons, suivie du non moins célèbre pudding. Ce pudding de Noël est souvent préparé des mois à l'avance ; parfois, les enfants tournent la pâte en faisant un vœu.

La tradition veut qu'au moment d'apporter le pudding on l'arrose d'eau-de-vie, que l'on enflamme avec une allumette. L'alcool brûle alors joyeusement, en petites flammes bleues qui dansent et s'éteignent vite.

Aux Etats-Unis, on sert aussi divers pâtés.

Pour Noël, les enfants anglais décorent leur maison avec du houx. On raconte à ce sujet une charmante légende.

Lorsque les bergers se hâtaient vers l'étable, ils ne remarquèrent pas un agneau qui s'efforçait de les suivre ; le pauvre semblait fort mal en point et d'une grande faiblesse, trébuchant sur les cailloux, s'égratignant aux feuilles piquantes du houx. Il gémissait doucement, mais le petit berger chargé de s'occuper de lui ne l'entendait pas.

Le pauvre animal finit par arriver à l'étable, les pattes en sang, et retrouva son jeune gardien. Alors celui-ci, sans doute saisi de remords, le prit dans ses bras et le réchauffa dans son manteau.

Touchée par cette scène, Marie dit au petit berger :

— Mon fils sera miséricordieux envers les faibles et les enfants, comme toi. Nul n'oubliera ton geste envers cet agneau.

On affirme que depuis ce temps-là, chaque hiver, les buissons de houx se couvrent de baies rouges et brillantes, telles des gouttes de sang.

Le gui, aux baies translucides, pousse en haut des arbres. Jadis, pour les druides, c'était une plante sacrée, que l'on coupait avec une faucille d'or. Il croissait sur les chênes. On crut longtemps que si des ennemis passaient sous une boule de gui ils se réconcilieraient ou cesseraient de se battre. De nos jours, le gui est demeuré un symbole d'amitié, un porte-bonheur.

Le 1er janvier, parents et amis s'embrassent sous le gui, en formulant des vœux. Les enfants en font souvent autant, comme vous le voyez sur cette image.

SANTA CLAUS

La veille de Noël, les enfants vont en bandes chanter des cantiques pour les voisins et amis. Ils frappent aux portes ; on les fait entrer et leur offre un gâteau, une boisson. Aujourd'hui, les jeunes chanteurs reçoivent souvent de l'argent destiné à des œuvres charitables.

Les enfants anglais et américains ont coutume de suspendre des bas ou même des taies d'oreiller au pied de leur lit. Quelquefois ils écrivent au Père Noël, qu'ils appellent généralement Santa Claus (souvent aussi Père Noël, en Grande-Bretagne).

C'est exactement ce que font ici ces deux enfants. Quels cadeaux désirent-ils ? Mystère. S'ils font des fautes, qu'importe ? Le Père Noël saura lire entre les lignes. Il doit pourtant recevoir des milliers de lettres !

Comme il est difficile de s'endormir, le 24 décembre...

Père Noël va arriver dans son traîneau, tiré par des rennes aux harnais garnis de clochettes. Tout de rouge vêtu, avec son bonnet fourré, comme il a bonne mine ! Un large sourire s'épanouit sur son visage, tandis qu'il glisse une poupée dans la cheminée.

A ses côtés, un énorme sac laisse entrevoir des merveilles. Un petit chat curieux trottine sur le toit, se demandant : « Que vient faire là ce vieux monsieur ? » Il ne sait pas, bien sûr, que c'est demain Noël.

Pendant ce temps, les rennes reprennent leur souffle ; il en faut bien huit pour tirer le traîneau chargé de tant de cadeaux. Quand leur maître aura terminé, ils s'élanceront en secouant leurs clochettes à travers le ciel, à la vitesse d'une étoile filante.

Ainsi, chaque année, selon la légende anglo-saxonne, les rennes reviennent avec le Père Noël, apportant aux enfants les jouets qu'ils attendent avec tant d'impatience.

Calme nuit, sainte Nuit

Calme nuit, sainte nuit,
Tout se tait, plus un bruit.
Les bergers tremblent d'émoi.
Du haut du ciel, les voix
Des anges chantent en chœur:
« Christ est né, notre Sauveur! »

Calme nuit, sainte nuit,
Tout se tait, plus un bruit.
Sache partager ce bonheur,
Il inondera nos cœurs,
Et une joie profonde
Régnera sur le monde.

En Allemagne

Tous les enfants du monde commencent à préparer Noël dès le début de décembre. Chez les jeunes Allemands, cela dure les vingt-quatre jours de l'Avent, qui précèdent Noël. « Avent » veut dire « venue », la venue de Jésus.

C'est amusant de compter les jours qui séparent de cette grande fête. Les petits reçoivent un calendrier de l'Avent, où figurent vingt-quatre portes. Ils en ouvrent une chaque soir : à l'intérieur se trouve une image. La dernière porte est ouverte la veille de Noël.

Une autre sorte de calendrier représente une guirlande de branches de sapin ; vingt-quatre petites boîtes y sont suspendues, chacune enveloppée d'un papier de couleur vive portant un numéro et renfermant un cadeau. Chaque jour, l'enfant en ouvre une.

Certains font une couronne serrée avec des branches de sapin solidement liées ensemble ; ils la décorent de quatre bougies rouges ou jaunes, plantées dans un godet de cuivre. On allume une bougie le premier dimanche de l'Avent, deux bougies la semaine suivante, et ainsi de suite jusqu'à la naissance de Jésus, où scintillent les quatre bougies.

Dans certaines régions, les petits Allemands écrivent une lettre à l'Enfant Jésus pour lui demander des cadeaux.

Afin que leurs lettres attirent son attention, ils étalent dessus une mince couche de colle qu'ils parsèment de sucre en poudre pour les faire briller. L'enveloppe cachetée est déposée sur le rebord de la fenêtre la veille de Noël.

Quelquefois, la distribution des cadeaux se fait dans le plus grand mystère. La famille réunie dans le salon, les yeux tournés vers la porte, attend avec impatience. Soudain la porte s'ouvre, juste assez pour laisser passer une multitude de petits paquets qu'une main mystérieuse lance rapidement. Alors commence le grand jeu. Chacun saisit un paquet où figure un nom qui n'est généralement pas le sien. Il faut l'échanger contre un autre paquet, jusqu'à ce que le vrai propriétaire soit trouvé.

Sur l'image, les paquets ayant été lancés à l'intérieur, les enfants ont ouvert la porte toute grande pour essayer de voir qui était venu. Mais il n'y a personne ; dehors, on ne voit qu'un brave chien. Ce n'est pas lui qui vendra la mèche !

Il fait froid ; refermez vite la porte, mes enfants. Et ne tentez pas d'en savoir davantage...

Voici une belle légende allemande qui se passe la veille de Noël. Un pauvre bûcheron et sa famille étaient tranquillement assis autour de la cheminée quand on frappa à la porte. Le père alla ouvrir.

A leur surprise à tous, ils découvrirent sur le seuil un petit enfant debout dans la neige. Ils le firent entrer, lui offrirent à manger, à boire, et aussi un lit pour la nuit.

Le lendemain matin, ils furent éveillés par une exquise musique: des anges chantaient en chœur, illuminant tout l'intérieur de la cabane. Alors le bûcheron et les siens comprirent qu'ils avaient hébergé l'Enfant Jésus.

— Vous m'avez accueilli, leur dit-Il. Voici qui vous rappellera à jamais ma visite.

Disant ces paroles, Il toucha de la main un petit sapin qui se trouvait près de la porte.

— Que cet arbre brille pour réchauffer vos cœurs ! Et qu'il porte des présents dans ses branches. Ceci afin que les hommes soient bons, généreux les uns avec les autres comme vous l'avez été avec moi.

Telle est l'origine du sapin de Noël.

Aux Pays-Bas

Nicolas est le saint patron des enfants. Son nom en hollandais, Sinter Klaas, a été transformé par les Anglais et les Américains en Santa Claus.

Nicolas était un évêque d'une grande générosité, qui faisait le bien en secret. Un jour, il apprit qu'un pauvre marchand n'avait pas le moindre argent à donner à ses trois filles pour leur mariage. Pendant la nuit, saint Nicolas grimpa sur le toit de leur maison et lança trois sacs d'or dans la cheminée.

Au matin, les trois sœurs trouvèrent l'or dans les bas qu'elles avaient mis à sécher.

De cette vieille légende vient la coutume, pour les petits Hollandais, de suspendre leurs bas devant la cheminée en espérant que Sinter Klaas, la nuit du 24 au 25 décembre, les remplira de cadeaux.

Dans ce pays, la Saint-Nicolas tombe le 6 décembre. Le saint, dit-on, débarque à Amsterdam, venant d'Espagne à la voile.

Il est accompagné d'un curieux serviteur, Pierre le Noir, pas toujours commode ainsi qu'on va le voir.

Dès que saint Nicolas a posé le pied sur la terre ferme, les cloches se mettent à carillonner. Vêtu de la longue robe des évêques, il ressemble au Père Noël anglais. Montant un superbe cheval blanc, il conduit une longue procession et se dirige vers la ville pour rencontrer la reine.

Pierre le Noir tient les rênes du cheval. Et l'on raconte aux enfants qu'il garde un registre où sont inscrites toutes leurs actions. Ceux qui ont été sages recevront des cadeaux ; mais Pierre le Noir chassera les autres avec son bâton.

Parfois saint Nicolas et son serviteur chevauchent sur les toits pour distribuer les cadeaux. Le plus souvent, les jeunes Hollandais placent leurs sabots ou leurs souliers devant la cheminée ; ils les remplissent de foin et de carottes pour le cheval du saint, espérant que ce dernier, en retour, y déposera des friandises et beaucoup de cadeaux.

Les fêtes de la Saint-Nicolas peuvent avoir lieu la veille de Noël, au lieu du 6 décembre.

Ce jour-là, il est d'usage d'écrire des vers pour se moquer gentiment des membres de la famille ; ils sont signés Sinter Klaas et leur auteur doit rester anonyme.

Ainsi une petite fille pourrait envoyer ces vers à son frère :

Pour préparer les repas, qui n'est jamais là ?
Qui oublie toujours de fermer les portes ?
Je ne puis dire son nom, mais il porte
Presque le même que moi...
Ah, ah ! saint Nicolas vous le dira !

On compose aussi des poèmes-devinettes pour la chasse aux cadeaux. Les paquets sont enveloppés et soigneusement cachés. Pour les trouver, les chercheurs doivent suivre une piste. Tous ces présents sont offerts par saint Nicolas.

Ce soir-là, on mange un gâteau spécial appelé *letterbanket,* ce qui signifie : gâteau-lettre. Il est fait de massepain et de biscuit. On lui donne la forme de l'initiale du nom de la famille ; on peut aussi faire un petit gâteau pour chaque membre de la famille, formant l'initiale de son prénom.

Le massepain est de la pâte d'amandes. Les pays anglo-saxons en utilisent beaucoup dans leurs pâtisseries. En France, nous en façonnons des fruits, légumes ou petits personnages ; dans le Sud-Ouest, on le présente souvent en barres que l'on appelle « touron ».

Recette du letterbanket

400 g de pâte sablée congelée (on peut aussi la préparer soi-même avec 400 g de farine, 150 g de beurre, 150 g de saindoux), 200 g de massepain, un œuf battu. Un peu d'eau.

Chauffer le four (therm. 7 ou 220°). Rouler la pâte en lui donnant 2 cm d'épaisseur ; y découper des bandes de 4 cm de large. Faire avec le massepain des saucisses de 1 cm de diamètre ; les poser sur la pâte que l'on replie tout autour. S'assurer que les bords sont bien fermés en les mouillant légèrement au pinceau et lissant avec le doigt.

Découper et former les lettres désirées, en prenant soin de bien fermer les extrémités. Après les avoir déposées sur une plaque graissée, badigeonner les lettres avec de l'œuf battu. Cuire au four 25 à 30 minutes.

Pour confectionner une grande initiale, découper des bandes de pâte larges de 10 cm environ.

Une joyeuse réunion pour la Sinter Klaas. Attention, les parents, ne trichez

ɔas ! Défense de regarder pendant que les enfants cachent leurs cadeaux...

En Pologne et en Tchécoslovaquie

La veille de Noël, les enfants polonais scrutent attentivement le ciel, guettant la première étoile. Quand elle apparaît, toute scintillante, vers six heures du soir, les festivités commencent.

Avant le repas, une mince tranche de pain appelée *oplattek* circule autour de la table ; elle porte en relief l'image de Marie, de Joseph et de l'Enfant Jésus. Chacun se coupe un petit morceau de l'oplattek.

Jadis, à la campagne, on en donnait aussi aux animaux de la ferme. De nos jours, seuls les animaux familiers en reçoivent.

On étale de la paille sur le sol, et aussi sous la nappe, afin de rappeler à tous que Jésus est né dans une étable. Deux places, à table, restent toujours vides, au cas où Marie viendrait avec l'Enfant Jésus.

En Tchécoslovaquie, les enfants guettent aussi l'apparition de l'étoile, mais le 6 décembre. Ils attendent saint Nicolas, qui doit descendre accompagné d'un ange portant un sac rempli de cadeaux. Le saint vient également avec un diable muni de verges... pour ceux qui n'ont pas été sages !

Quand les petits croient entendre arriver saint Nicolas, ils se précipitent à table et récitent leurs prières, espérant ainsi être récompensés. Au repas, une place reste vide pour l'Enfant Jésus.

Berceuse tchèque

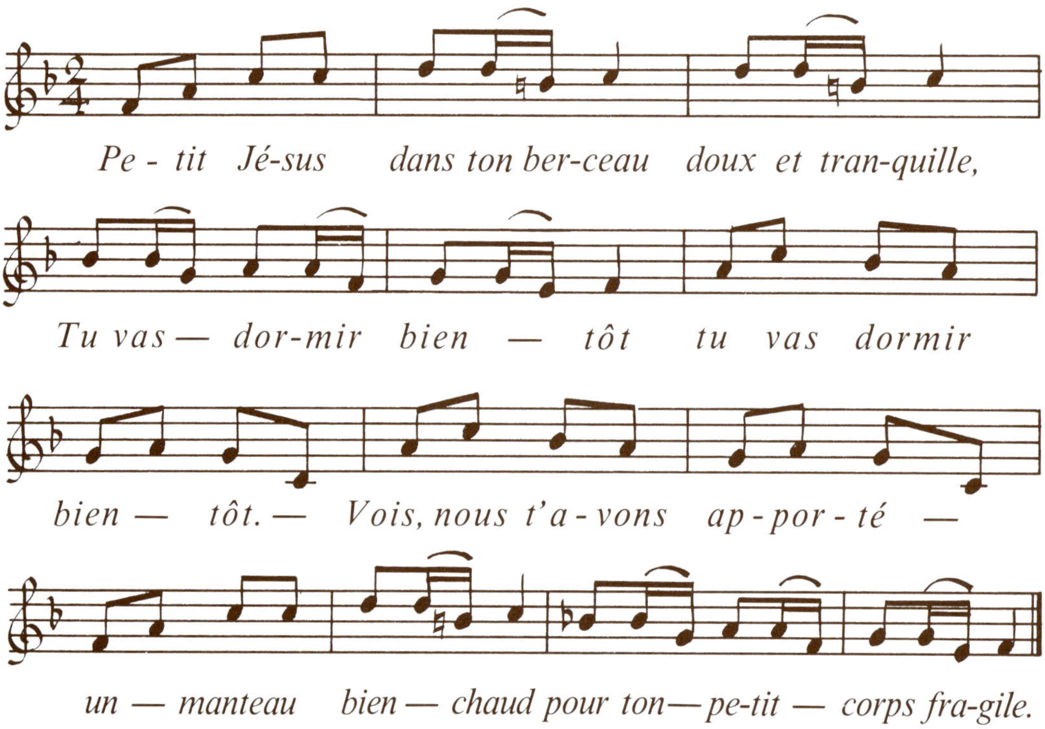

De tout notre cœur,
Tout notre cœur,
Nous te veillons avec ardeur.

Dors dans ton petit manteau,
Nous te bercerons encore.
Dors, cher petit,

Fils de la Vierge Marie

En Finlande

La veille de Noël, au matin, les jeunes Finlandais sont très occupés. Ils partent en traîneau couper le sapin traditionnel. Le plus souvent, celui-ci a été choisi à l'avance, avant que tombe la neige. Il s'agit ensuite de le décorer.

Bien qu'ils soient absorbés par les préparatifs de la fête, les enfants n'oublient pas les oiseaux et les animaux affamés, qui ont tant de mal à survivre dans ces pays froids.

Ils leur offrent un « petit Noël ». Aux branches sont suspendues des noix dans un sac ou au bout d'une chaîne. Ils placent aussi des morceaux de lard dans les arbres ou sur des piquets plantés dans le sol. Parfois un fermier offre une gerbe de blé que les oiseaux picoreront avec joie.

Dans la maison, on accroche au sapin des mobiles de paille. Le soir, les petits attendent la visite du Père Noël. Il vient de Laponie, dans un traîneau que tirent sur la neige des rennes fringants.

Les mets favoris des Finlandais pour la fête de Noël sont le jambon froid, la viande salée, les harengs aux épices, que l'on mange accompagnés de navets, carottes et concombres au sel.

En Norvège

Comme presque partout, les préparatifs de Noël commencent en Norvège au début de décembre, quand la mère de famille se met à confectionner des biscuits, sorte de pains d'épice au gingembre. Elle cuit aussi un pain très riche, le *julekake,* fourré de raisins secs, d'écorces de fruits confites, de cardamome. On dit alors que la chaleur des fours fait fondre les premières couches de neige !

Quelques jours avant le 25 décembre, les jeunes vont dans la forêt couper un petit sapin. L'un d'eux le tient bien serré, tandis qu'un plus grand tire la luge. Parfois celle-ci se renverse. Tout le monde rit, puis on se secoue et l'on repart.

Les enfants norvégiens n'oublient pas Nisse, le gnome, qui veille sur les animaux de la ferme. Ils offrent un bol de bouillie d'avoine à ce petit Père Noël. S'ils oublient, ce dernier leur jouera de mauvais tours.

Recette des maisons de pain d'épice
(très populaire en Norvège pour Noël)

250 g de farine, 40 g de margarine, 120 g de sucre semoule, 70 g de sirop d'érable, 5 cl d'eau, une cuillerée à café de cannelle, une cuillerée à café de gingembre en poudre, une cuillerée à café de clous de girofle en poudre, une cuillerée à café de bicarbonate de soude.

Mettre dans une jatte la margarine, le sucre et le sirop d'érable et tourner avec une cuiller de bois pour obtenir un mélange bien lisse. Faire fondre à part les trois épices et le bicarbonate dans l'eau, puis verser dans la jatte. Bien mélanger, ajouter la farine et travailler à la cuiller de bois pour obtenir une pâte. Couvrir avec un linge humide et laisser reposer une demi-journée.

Chauffer le four à 220° (therm. 7). Rouler la pâte sur une planche enfarinée pour lui donner 5 mm d'épaisseur. Y découper ensuite des maisons ou des chalets. Rouler ce qui reste de pâte et recommencer jusqu'à ce qu'elle soit toute employée.

Déposer vos maisons sur une plaque graissée ; les cuire au four 5 à 10 minutes, puis mettre à refroidir sur une grille.

Vous pourrez, quand elles seront froides,
y dessiner des fenêtres, des portes en
utilisant du sucre glace mélangé
d'un peu de blanc d'œuf.
Cela à l'aide d'un petit
entonnoir spécial.

En Suède

En Suède, le 13 décembre n'est pas un jour ordinaire. C'est la Sainte-Lucie, que l'on célèbre dans tout le pays. L'histoire de cette sainte anime les longues soirées d'hiver.

Lucie fut une des premières chrétiennes. En ce temps-là, les disciples de Jésus étaient souvent cruellement maltraités, ils devaient se cacher pour prier. Ils se réunissaient dans des grottes, où Lucie leur apportait secrètement de la nourriture, pendant la nuit. Sur sa tête se trouvait une couronne de bougies allumées, qui lui laissait les mains libres pour transporter mets et boissons et en même temps éclairait son chemin.

Un jour, les hommes de l'empereur de Rome se saisirent d'elle et la tuèrent. Mais ses bienfaits ne furent jamais oubliés ; l'Eglise chrétienne en fit une sainte.

Beaucoup de jeunes Suédois commencent à préparer la Sainte-Lucie le 12 décembre. Ils cuisent des petits pains et des biscuits au gingembre.

Le lendemain, ils se lèvent de bonne heure et la plus jeune des filles de la maison s'habille en sainte Lucie, avec une longue robe blanche et une large ceinture rouge. Souvent ses frères, en chemise blanche, figurent des étoiles. La petite fille porte sur la tête une couronne de

feuillage à laquelle sont fixées des bougies pour éclairer son chemin dans le noir, exactement comme la courageuse sainte Lucie. Il faut alors qu'elle apporte sur un plateau du café chaud et des petits pains au reste de la famille encore au lit.

Les enfants possèdent souvent un bouc en paille, censé protéger l'arbre de Noël contre les démons qui pourraient rôder alentour et gâcher la fête.

Avant même la naissance du Christ, les fermiers pensaient que la paille avait un pouvoir bénéfique ; ils l'étalaient sur leurs champs afin d'obtenir une meilleure récolte. Et, parce que l'Enfant Jésus avait été couché sur de la paille dans la crèche, on commença à l'utiliser pour la décoration de Noël.

Les jeunes Suédois suspendent à leur sapin toute sorte d'objets de paille.

Ces objets, les enfants les fabriquent eux-mêmes. Ce sont des étoiles, des paniers en forme de cœur. Et puis le fameux Julbock, le bouc de Noël, toujours lié par des fils rouges. Ils font aussi des couronnes légères, des nœuds charmants où ils glissent parfois un minuscule épi ; des oiseaux, des anges qui emporteront leurs prières vers le ciel.

Les étoiles de paille

Pour confectionner une étoile, tremper la paille dans de l'eau chaude afin qu'elle se travaille plus facilement. Elle rétrécira en séchant, aussi faut-il la lier solidement en réalisant l'étoile. On peut se servir également d'un papier spécial qui imite la paille et que l'on peint.

Vous suspendrez les étoiles avec des fils d'or ou d'argent qui étincelleront quand on allumera les lumières.

Une petite étoile est faite de huit brins de 7 cm de long. Former une croix avec quatre brins liés ensemble ; faire de même avec les autres brins, puis attacher la seconde croix de manière que les brins se trouvent les uns entre les autres pour former huit rayons.

Une grande étoile est composée de seize brins de 30 cm. Attacher quatre croix de quatre brins les unes sur les autres, en les entrecroisant de façon à former seize rayons.

Pour suspendre facilement l'étoile, enfiler un petit trombone (si possible doré) sur une des pointes de l'étoile et y fixer un fil.

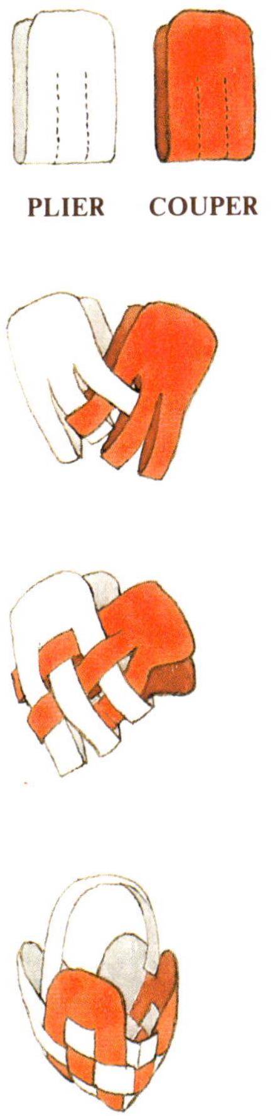

Les paniers en forme de cœur

Prendre deux rubans de papier de couleurs différentes, de 9 cm de large et de 24 cm de long. Les plier en deux et arrondir les extrémités.

*Avec une règle et un crayon, tracer dans le sens de la longueur trois traits de 9 cm partageant chaque ruban en trois sections. Couper sur les traits de crayon; **d'un seul côté d'un des rubans,** couper jusqu'au bout. Puis tresser ces trois bandes libres avec celles de l'autre ruban (voir dessins). Coller sur l'extrémité des trois bandes libres une bande de papier de même couleur pour les maintenir. Enfin, coller une anse qui permettra de suspendre le panier.*

Ces paniers peuvent avoir différentes tailles, à condition de respecter les proportions données ci-dessus.

Un conseil: avant de fabriquer votre premier panier, exercez-vous avec du papier ordinaire.

Ces paniers en forme de cœur seront remplis de bonbons ou de petits objets légers, par exemple des surprises enveloppées de papier ou de minuscules bougies de couleur.

En Russie

Voici un très ancien conte russe, qui explique pourquoi les enfants de ce pays trouvaient du pain noir dans leurs bas le jour de Noël.

Une vieille femme nommée Babouchka avait l'habitude d'accueillir les voyageurs qui passaient devant sa maison. Un matin d'hiver, trois étrangers richement vêtus la prièrent de les héberger. Elle leur offrit du pain noir, du thé et leur donna même son propre lit.

Quand ils s'éveillèrent le lendemain, Babouchka leur demanda la raison de leur voyage. Ils lui répondirent :

— Nous sommes trois rois venus d'Orient en suivant une étoile. Elle nous guide vers l'Enfant Jésus.

— J'aimerais vous accompagner, déclara la vieille femme.

Mais elle ne voulait pas partir avant d'avoir rangé sa maison. Elle se mit donc en route un peu plus tard, emportant un morceau de pain noir, son seul bien, en guise d'offrande.

Il lui fallut des mois avant d'atteindre Bethléem. Quand elle y arriva, il ne restait plus dans l'étable que les animaux. Babouchka déposa son pain dans la crèche, afin que Jésus sache qu'elle était venue.

Pendant la nuit, la vieille femme fut réveillée par une voix disant :

— Je suis l'Enfant Jésus. Prends ma main et suis-moi !

Ce fut cette nuit-là que mourut Babouchka.

En France

On a coutume d'installer dans la maison une crèche entourée de petits personnages, généralement en terre cuite: les santons. Ils représentent Joseph, Marie, l'Enfant Jésus, les bergers, les Rois mages, le bœuf et l'âne. En Provence, divers métiers sont aussi représentés, et c'est une véritable procession qui se dirige vers la crèche.

Les familles qui ont la chance de posséder une vraie cheminée y déposent parfois une énorme bûche, appelée justement bûche de Noël, que l'on allume la veille du grand jour et qui mettra longtemps à se consumer. Une ancienne coutume veut que l'on pose sur la table de la nourriture et des boissons, pour le cas où la Vierge Marie passerait.

Comme dans bien des pays, la légende se mêle à la véritable histoire de Noël. Ainsi, en France, les enfants déposent leurs souliers devant la cheminée, afin que le Père Noël ne les oublie pas dans sa distribution.

Une étoile d'or veille
Sur la crèche où sommeille
Jésus, le Divin Enfant.
La bûche de Noël pétille
En chantonnant gaiement.
Le cœur battant, les enfants
Ont aligné leurs souliers
Devant la grande cheminée.
Aucun n'a été oublié,
Pas même les vieux tout usés !

Je veux voir le Père Noël
Descendre dans la cheminée!
Cette nuit, a déclaré Joël,
Je resterai éveillé.
Moi aussi, moi aussi,
A dit sa sœur Marie.
Mais le marchand de sable
Est passé. L'Enfant adorable
Dans la crèche a souri:
Les petits s'étaient endormis...

Un pauvre village de montagne ne possédait même pas d'église. Comment fêter la naissance de Jésus sans maison de Dieu ?

Alors, une année, ses habitants décidèrent de construire une étable ; le bois ne manquait pas. Tous se mirent à l'ouvrage. Quand elle fut achevée, l'étable ne ressemblait peut-être pas à celle où naquit l'Enfant divin ; mais qui s'en souvient ?

Le soir de Noël, tout le village s'y rendit. Les bergers en tête, avec leurs brebis et leurs agneaux. Les petits enfants, habillés en anges, chantèrent de beaux cantiques autour de la crèche, où dormait un bébé. Lui et sa jolie maman avaient été choisis pour figurer Jésus et la Vierge Marie. Et dans le ciel apparut soudain l'étoile du berger, comme un message de paix et de joie.

Il est né, le Divin Enfant

En Italie

Saint François d'Assise tient une place spéciale, en Italie, dans les fêtes de Noël. On se souvient de son amour pour toutes les créatures vivantes, lui qui appelait les animaux ses « frères et sœurs ».

Bien des années après la naissance de Jésus, au XIIIe siècle, François se rendit à Bethléem et vit l'emplacement de l'étable.

Rentré chez lui, à Greccio, il décida de faire jouer l'histoire de l'Enfant dans la crèche, voulant montrer à tous que Jésus était né d'une famille pauvre, dans une humble étable. Il installa un bœuf et un âne dans une grotte puis confectionna une crèche avec du bois et de la paille. Des gens du village jouèrent le rôle de Joseph, de Marie, des bergers. Une statuette sculptée dans le bois figura l'Enfant Jésus.

D'autres paroisses imitèrent saint François. Alors tout le monde se mit aussi à construire des crèches afin que chacun puisse s'agenouiller devant la Sainte Famille.

De nos jours, les églises du monde entier suivent cette coutume. Dans certains villages, la crèche est entourée de personnages vivants, ainsi que d'un vrai bœuf et d'un vrai âne. Parfois un petit berger porte un agneau dans ses bras en offrande à l'Enfant divin.

Avant Noël, perpétuant une vieille coutume, les enfants vont de maison en maison, jouant des airs sur leurs pipeaux, chaussés des sandales et portant le chapeau des bergers. On leur donne de l'argent pour qu'ils puissent acheter ce qui est nécessaire au repas de Noël.

Le 24 décembre, les Italiens ne mangent rien de toute la journée. Après la messe de minuit, ils se rattrapent et festoient largement. Cependant les enfants doivent prendre patience : il leur faut attendre la douzième nuit — c'est-à-dire celle de l'Epiphanie, le 6 janvier — avant de recevoir leurs cadeaux. Ce jour-là, on célèbre la visite des Rois mages. On raconte aux petits une légende qui ressemble à celle du Père Noël. Une vieille et bonne fée chevauchant un balai, la Béfana, descend par la cheminée pour leur apporter des présents.

Mais tous ne sont pas récompensés : ceux qui n'ont pas été sages trouvent dans leurs souliers des morceaux de charbon.

— La prochaine fois, vous ferez attention de bien vous conduire, disent les parents, et la Béfana vous gâtera.

— Nous serons sages toute l'année, promettent les enfants.

Espérons qu'ils tiendront ces bonnes résolutions !

En Grèce

La veille de Noël, les enfants de Grèce vont chanter des cantiques dans les rues, frappant en même temps, pour s'accompagner, sur des tambours et des triangles. S'ils chantent bien, on leur donne de l'argent ou bien des noix, des bonbons, des figues sèches.

Certains décorent de noix dorées des modèles réduits de bateaux, qu'ils promènent fièrement.

Les Flambeaux

(chant de Noël espagnol)

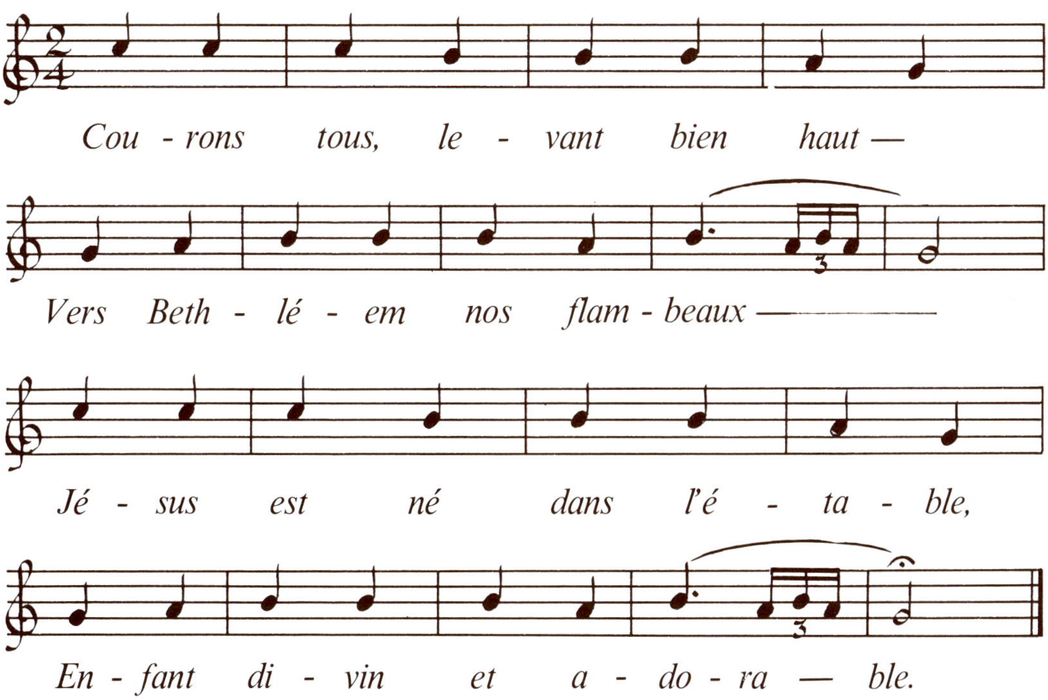

Dors en paix, ô divin Enfant,
Dors bien, nous te bercerons,
Et pour toi chanterons.
Dors en paix, petit Enfant.

Chantons, amis! Que notre joie
Demeure, ô roi des rois,
Demeure pour l'éternité,
Pour tous les temps, à jamais.

Au Mexique

Dans tous les pays, les enfants aiment représenter des scènes de la Nativité. Au Mexique, ils jouent l'épisode où Marie et Joseph cherchent un abri pour la nuit.

Cela commence le 16 décembre. Les maisons sont décorées de plantes vertes, de mousse et de lanternes de papier. Les enfants partent en procession, la *posada* (ce qui veut dire « auberge », en espagnol) : quatre d'entre eux portent sur une planche de petites statues représentant Marie sur l'âne et Joseph ; ils sont suivis par tous les autres tenant à la main une bougie allumée. La procession se rend ainsi devant les maisons des voisins et amis ; les enfants se mettent alors à chanter, demandant un abri pour Marie et Joseph. On leur répond qu'il n'y a pas de place, qu'ils s'en aillent s'ils ne veulent pas être battus... Ils font ainsi devant chaque maison, jusqu'au moment où quelqu'un les prie enfin d'entrer.

Une vieille légende raconte la merveilleuse histoire d'une petite Mexicaine qui ne possédait pas une seule piécette pour acheter un cadeau à l'Enfant Jésus. La veille de Noël, elle se tenait tristement devant le porche de l'église, observant les fidèles qui apportaient leurs offrandes.

Près d'elle se trouvait la statue d'un ange, à demi cachée sous la végétation. La petite s'était mise à l'arracher pour dégager la statue, quand elle entendit soudain une voix lui disant :

— Porte ces plantes dans l'église. Jésus vous bénira, elles et toi.

Obéissant à la voix, elle en prit une brassée, pénétra dans l'église et se dirigea vers la crèche. Tandis qu'elle avançait, les feuilles, au bout de chaque tige, devenaient d'un rouge éclatant, comme si elles venaient de prendre feu...

Ces magnifiques plantes se nomment poinsettias. Et l'on a pris l'habitude de les vendre surtout au moment de Noël. Certains préfèrent leur donner le nom de « fleurs de la Nuit sainte », en souvenir du miracle dont l'héroïne fut une pauvre et tendre petite fille, qui portait l'amour de Jésus dans son cœur.

Les jeunes Mexicains reçoivent leurs cadeaux le 6 janvier, pour l'Epiphanie. Cependant, à Noël, on les fait jouer à la *pinata,* un jeu original dont ils raffolent.

Les pinatas sont des cruches en terre cuite artistement décorées et remplies de bonbons et de menus objets. On les façonne de différentes manières : en forme d'animaux, d'oiseaux, de pantins ou de ballons.

Le jeu se déroule chaque soir, après les prières de la posada. Chaque pinata est suspendue par une ficelle à une branche ou à n'importe quel endroit qui lui permette de se balancer librement. Les enfants, les yeux bandés, doivent chacun à son tour frapper la cruche à l'aide d'un bâton, jusqu'à ce qu'elle se brise et laisse échapper son contenu. Alors tous se précipitent pour ramasser les jouets, fruits, bonbons éparpillés.

Les enfants peuvent fabriquer eux-mêmes leurs pinatas. Tournez la page, et vous verrez comment.

Les pinatas en papier mâché

Il faut se procurer des ballons de caoutchouc que l'on gonfle, et du papier mâché. Découper des bandes de papier mâché de 5 cm de large. Les enduire de colle pour papier peint et les fixer sur le ballon gonflé, de manière qu'il soit entièrement recouvert.

Si l'on veut que la pinata contienne beaucoup d'objets, coller dessus deux ou trois couches de papier pour qu'elle soit plus solide. Laisser sécher.

Quand tout est sec, pratiquer un trou de façon à crever le ballon. Ensuite, retirer celui-ci doucement par le trou, qui devra être assez grand pour que l'on y glisse bonbons et petits objets.

Les enfants donneront alors libre cours à leur imagination pour peindre et décorer la pinata. Dans du carton sur lequel aura été collé du papier mâché, ils pourront découper des pattes d'animaux, qu'ils colleront à la pinata. Ou un bec et des plumes, pour la transformer en oiseau. On peut également conserver la pinata telle quelle, avec ses vives couleurs.

Le jeu de la pinata est illustré par les dessins de ces deux pages.

A gauche, les enfants tentent de briser une chèvre aux cornes fourchues et un superbe ballon aux pointes menaçantes.

— Passez-moi la corde, c'est à moi ! s'écrient-ils tous ensemble, tandis que leur mère les regarde en souriant.

A droite, sous son grand sombrero — son chapeau à larges bords — le père rit dans sa moustache en tirant sur la ficelle où se balance un pantin rouge et dodu. Il s'amuse autant que les petits. C'est si bon de partager l'allégresse de Noël !

Un garçon vient de briser une pinata. Tous s'élancent pour récolter son contenu. Le plus gourmand a déjà fourré un bonbon dans sa bouche... Mais attention, le jeu n'est pas terminé ; il faut casser les autres pinatas !

En Inde

Les Indiens qui observent la religion chrétienne ont mêlé leurs coutumes à celles des autres pays. Le résultat est parfois étonnant, toujours charmant.

Dans leur pays, il ne pousse pas de sapins. Ils n'ont donc pas d'arbre de Noël comme le nôtre. A la place, ils se servent de bananiers et de manguiers qu'ils décorent avec goût.

N'ayant pas non plus de houx ni de lierre à leur disposition, ils choisissent des feuilles de manguier pour la décoration de leur maison. Dans certaines parties de l'Inde, on aligne sur le toit ou sur la crête des murs de petites lampes à huile. Toutes ces lumières qui brillent doucement dans la nuit expriment la grande joie de Noël et la piété des cœurs.

Au Japon

Très peu de Japonais sont élevés dans la religion chrétienne. Cependant quelques coutumes de Noël leur sont venues des États-Unis ainsi que d'autres pays.

Les enfants aiment à chanter des cantiques et s'adressent des cartes de vœux. La plupart d'entre eux offrent et reçoivent des cadeaux, comme chez nous.

On donne des réceptions, au cours desquelles se déguste une sorte de gâteau de Savoie orné de sucre glace.

Réunis autour d'une table abondamment garnie, les jeunes font éclater des pétards. Gare aux oreilles sensibles !

En Australie

Ce pays est peuplé d'hommes et de femmes venus du monde entier, qui ont apporté leurs traditions et leurs coutumes.

En Australie, Noël tombe au milieu de l'été. Nous avons du mal à imaginer cette fête sous une chaleur torride, dans cette contrée où l'eau est si rare.

Malgré tout, beaucoup d'Australiens célèbrent la naissance du Christ comme en Angleterre, par un repas où figurent la dinde ou l'oie rôtie ainsi que le plantureux pudding.

D'autres préfèrent pique-niquer sur la plage ou dans la campagne, de dinde froide et de salade accompagnées de boissons fraîches. Comme ces enfants qui saluent à grands gestes le Père Noël arrivant dans une barque à voile... Ce qui ne les empêche pas d'avoir à la maison un arbre décoré et illuminé.

Il n'avait pas de berceau

L'agneau bêle doucement
Et réveille l'Enfant
Qui l'a vu, lui sourit.
Moi, j'ai un peu peur la nuit
Car je ne suis pas grand.
Je t'en prie, Enfant divin,
Protège-moi, veille sur moi
Jusqu'au matin.

Reste avec moi, s'il te plaît,
Ô ne me quitte pas,
Jésus que j'aime tant.
Dans ton extrême bonté,
Bénis tous les enfants.
Quand sera venu le temps,
Je t'en supplie,
Accueille-nous auprès de toi.

Et maintenant faisons un rêve. Partons pour les États-Unis. Imaginons que nous sommes à la campagne et que nous participons aux préparatifs de cette famille pour la fête de Noël.

Amusez-vous à compter les mets délicieux disposés sur la table. Le grand-père ranime le feu, tandis qu'un jeune garçon suspend ses bas à la cheminée et que chacun s'active pour le bonheur de tous.

Et nous voilà en France, où les enfants font une joyeuse ronde.

Jésus est né pour nous sauver. Il ne faudra jamais l'oublier.

Noël est la plus belle fête de l'année, où l'on se retrouve dans la joie. C'est aussi le moment de penser aux malheureux, de partager avec eux. Hélas ! dans certains pays, nombreux sont-ils qui n'ont pas de famille, ni même de toit pour les abriter.

Ce jour-là, chacun de nous priera avec ferveur pour que l'année qui vient apporte enfin la paix sur la terre.

Réjouissons-nous d'offrir et de recevoir des présents. Ceux que vous aurez fabriqués de vos propres mains, chers enfants, n'en seront que plus précieux pour les personnes à qui vous les donnerez.

Et, dans l'allégresse qui règne sur le monde, souhaitons-nous les uns aux autres le meilleur des Noëls !

Dépôt légal: Septembre 1989 - N. d'Éditeur 5790
Imprimé en Italie